AF216419

Impressum
Verlag: BABADADA GmbH, Nedderfeld 112 , 22529 Hamburg
Geschäftsführer / Verlagsleitung: Harald Hof
Druck: Books on Demand GmbH, In de Tarpen 42, 22848 Norderstedt

Imprint
Publisher: BABADADA GmbH, Nedderfeld 112 , 22529 Hamburg, Germany
Managing Director / Publishing direction: Harald Hof
Print: Books on Demand GmbH, In de Tarpen 42, 22848 Norderstedt, Germany

школа

5ch00l

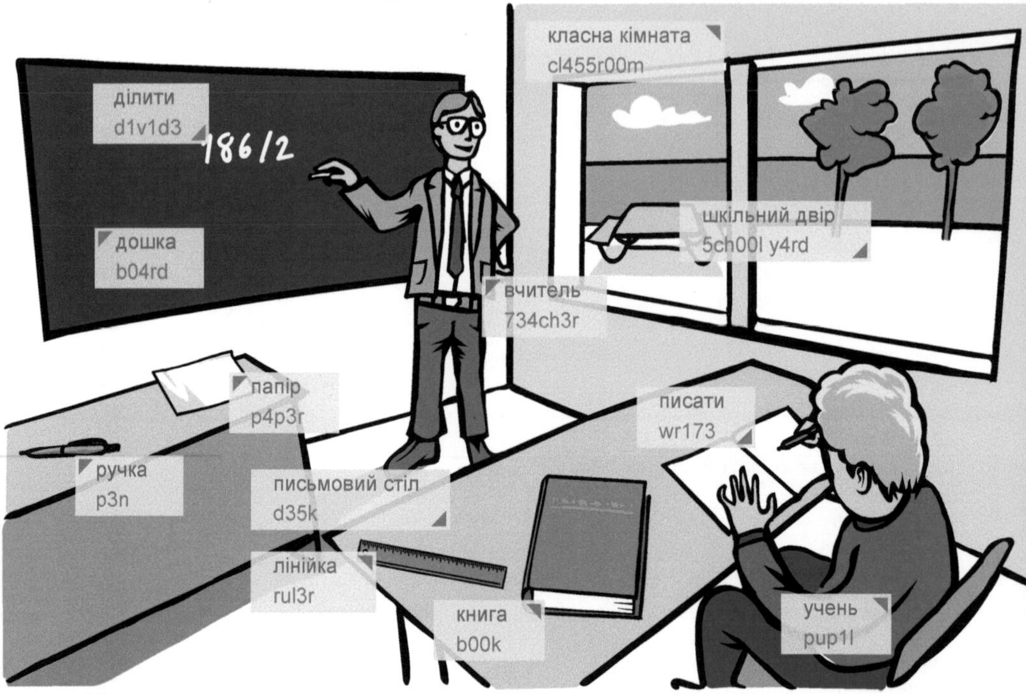

класна кімната
cl455r00m
ділити
d1v1d3
186/2
дошка
b04rd
шкільний двір
5ch00l y4rd
вчитель
734ch3r
папір
p4p3r
писати
wr173
ручка
p3n
письмовий стіл
d35k
лінійка
rul3r
книга
b00k
учень
pup1l

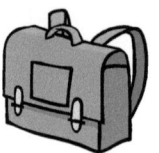

ранець

547ch3l

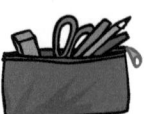

пенал

p3nc1l c453

олівець

p3nc1l

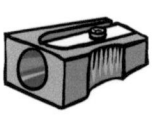

точило

p3nc1l 5h4rp3n3r

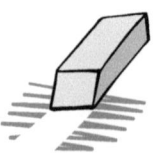

гумка

rubb3r

альбом для малювання

dr4w1n6 p4d

малюнок

dr4w1n6

пензель

p41n7bru5h

коробка фарб

p41n7 b0x

ножиці

5c1550r5

клей

6lu3

зошит

3x3rc153 b00k

домашнє завдання

h0m3w0rk

12

число

numb3r

2+2

додавати

4dd

5-2

віднімати

5ub7r4c7

2×2

множити

mul71ply

рахувати

c4lcul473

A

літера

l3773r

ABCDEFG
HIJKLMN
OPQRSTU
VWXYZ

абетка

4lph4b37

слово

w0rd

текст

73x7

читати

r34d

крейда

ch4lk

година

l3550n

класний журнал

r361573r

екзамен

3x4m1n4710n

диплом

c3r71f1c473

шкільна форма

5ch00l un1f0rm

освіта

3duc4710n

лексикон

3ncycl0p3d14

університет

un1v3r517y

мікроскоп

m1cr05c0p3

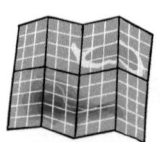

карта

m4p

кошик для паперу

w4573-p4p3r b45k37

подорож

7r4v3l

Grand
готель
h073l
турбаза
h0573l
ROOMS
обмінний пункт
curr3ncy 3xch4n63 0ff1c3
EXCHANGE
валіза
5u17c453
автомобіль
c4r

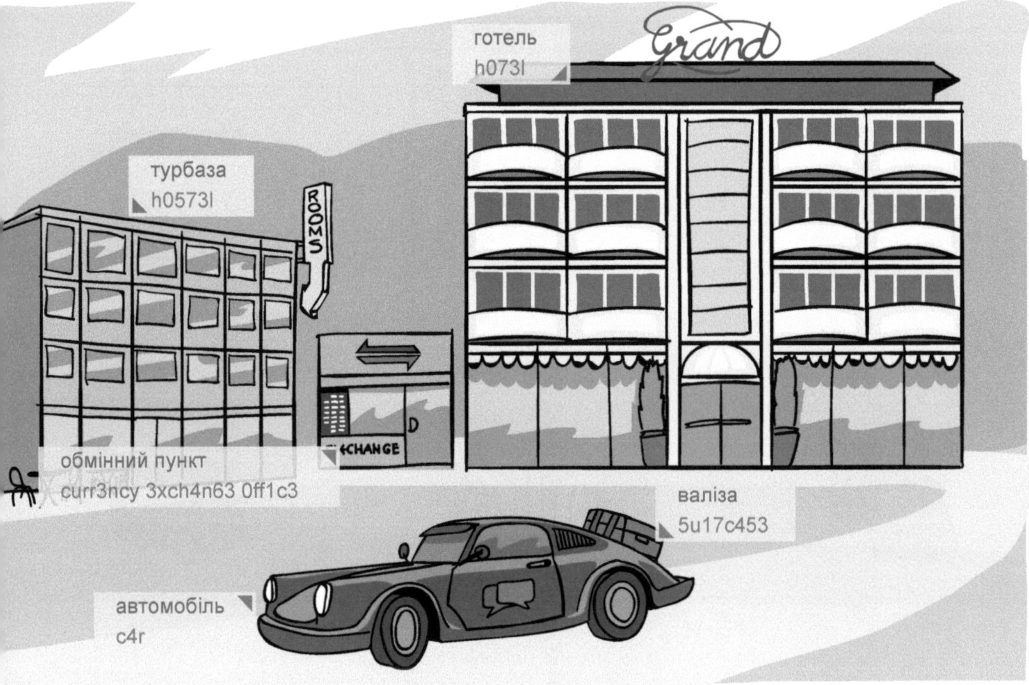

мова

l4n6u463

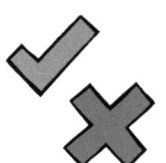

так / ні

y35 / n0

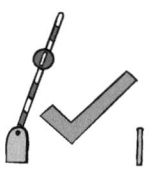

добре

0k4y

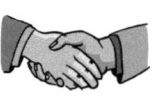

привіт

h3ll0

перекладач

7r4n5l470r

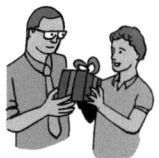

дякую

7h4nk y0u

Скільки коштує ...?

h0w much 15

Я не розумію

1 d0 n07 und3r574nd

проблема

pr0bl3m

Добрий вечір!

600d 3v3n1n6!

Доброго ранку!

600d m0rn1n6!

На добраніч!

600d n16h7!

До побачення

600dby3

напрямок

d1r3c710n

багаж

lu66463

сумка

b46

рюкзак

b4ckp4ck

гість

6u357

кімната

r00m

спальний мішок

5l33p1n6 b46

намет

73n7

туристична інформація

70ur157 1nf0rm4710n

пляж

b34ch

кредитна картка

cr3d17 c4rd

сніданок

br34kf457

обід

lunch

вечеря

d1nn3r

квиток

71ck37

ліфт

3l3v470r

поштова марка

574mp

межа

b0rd3r

митниця

cu570m5

посольство

3mb455y

віза

v154

паспорт

p455p0r7

транспорт
7r4n5p0r7

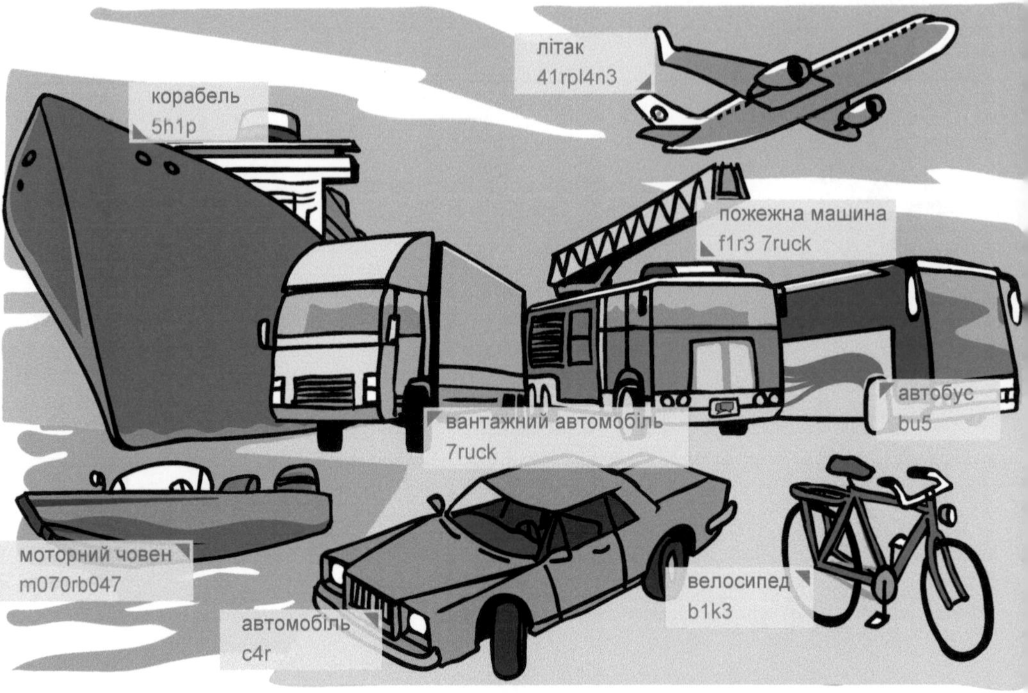

літак
41rpl4n3
корабель
5h1p
пожежна машина
f1r3 7ruck
автобус
bu5
вантажний автомобіль
7ruck
моторний човен
m070rb047
велосипед
b1k3
автомобіль
c4r

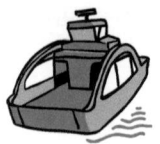

пором

f3rry

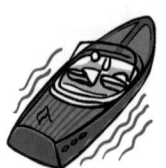

човен

b047

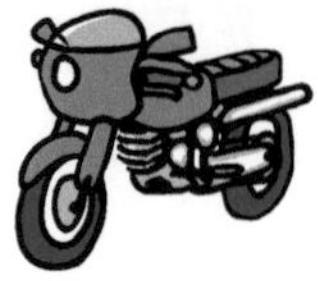

мотоцикл

m070rb1k3

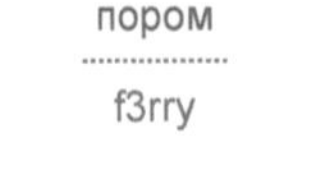

поліцейська машина

p0l1c3 c4r

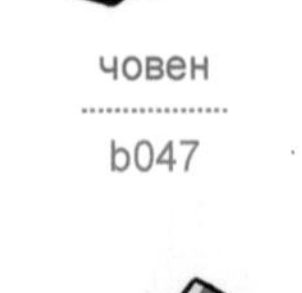

гоночний автомобіль

r4c1n6 c4r

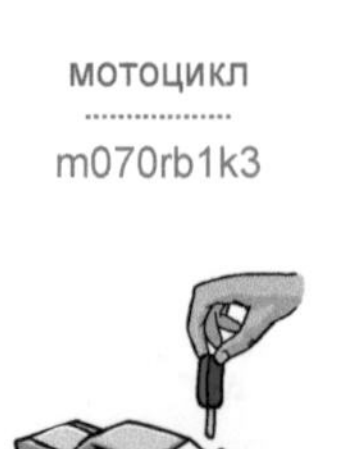

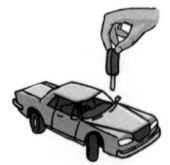

автомобіль на прокат

r3n74l c4r

спільне користування авто

c4r 5h4r1n6

евакуатор

70w 7ruck

сміттєвоз

64rb463 7ruck

двигун

3n61n3

паливо

fu3l

автозаправна станція

fu3l 574710n

дорожній знак

7r4ff1c 516n

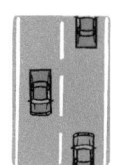

рух

7r4ff1c

затор

7r4ff1c j4m

стоянка

p4rk1n6 l07

вокзал

7r41n 574710n

рейки

7r4ck5

потяг

7r41n

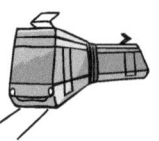

трамвай

7r4m

вагон

w460n

гелікоптер

h3l1c0p73r

аеропорт

41rp0r7

вежа

70w3r

пасажир

p4553n63r

контейнер

c0n741n3r

коробка

c4r70n

візок

c4r7

кошик

b45k37

стартувати / приземлятися

74k3 0ff / l4nd

місто

c17y

село

v1ll463

центр міста

c17y c3n73r

дім

h0u53

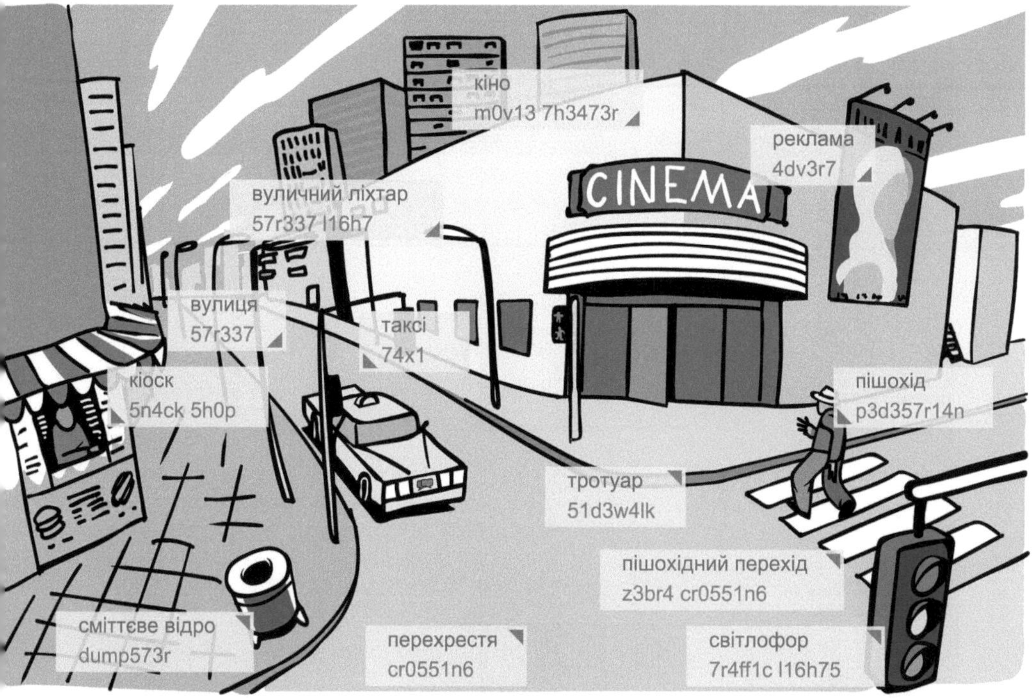

кіно
m0v13 7h3473r

реклама
4dv3r7

вуличний ліхтар
57r337 l16h7

CINEMA

вулиця
57r337

таксі
74x1

пішохід
p3d357r14n

кіоск
5n4ck 5h0p

тротуар
51d3w4lk

пішохідний перехід
z3br4 cr0551n6

сміттєве відро
dump573r

перехрестя
cr0551n6

світлофор
7r4ff1c l16h75

хатина

hu7

квартира

4p4r7m3n7

вокзал

7r41n 574710n

ратуша

c17y h4ll

музей

mu53um

школа

5ch00l

місто - c17y

університет

un1v3r517y

банк

b4nk

лікарня

h05p174l

готель

h073l

аптека

ph4rm4cy

офіс

0ff1c3

книжковий магазин

b00k 5h0p

магазин

5h0p

квітковий магазин

fl0w3r 5h0p

супермаркет

5up3rm4rk37

ринок

m4rk37

універмаг

d3p4r7m3n7 570r3

торговець рибою

f15hm0n63r'5 5h0p

торговельний центр

m4ll

гавань

h4rb0r

парк

p4rk

лава

b3nch

міст

br1d63

сходи

5741r5

метро

5ubw4y

тунель

7unn3l

автобусна зупинка

bu5 570p

бар

b4r

ресторан

r3574ur4n7

поштова скринька

p057b0x

вулична табличка

57r337 516n

лічильник паркування

p4rk1n6 m373r

зоопарк

z00

басейн

5w1mm1n6 p00l

мечеть

m05qu3

ферма
f4rm

забруднення
навколишнього
середовища
p0llu710n

кладовище
c3m373ry

церква
church

дитячий майданчик
pl4y6r0und

храм
73mpl3

ландшафт
l4nd5c4p3

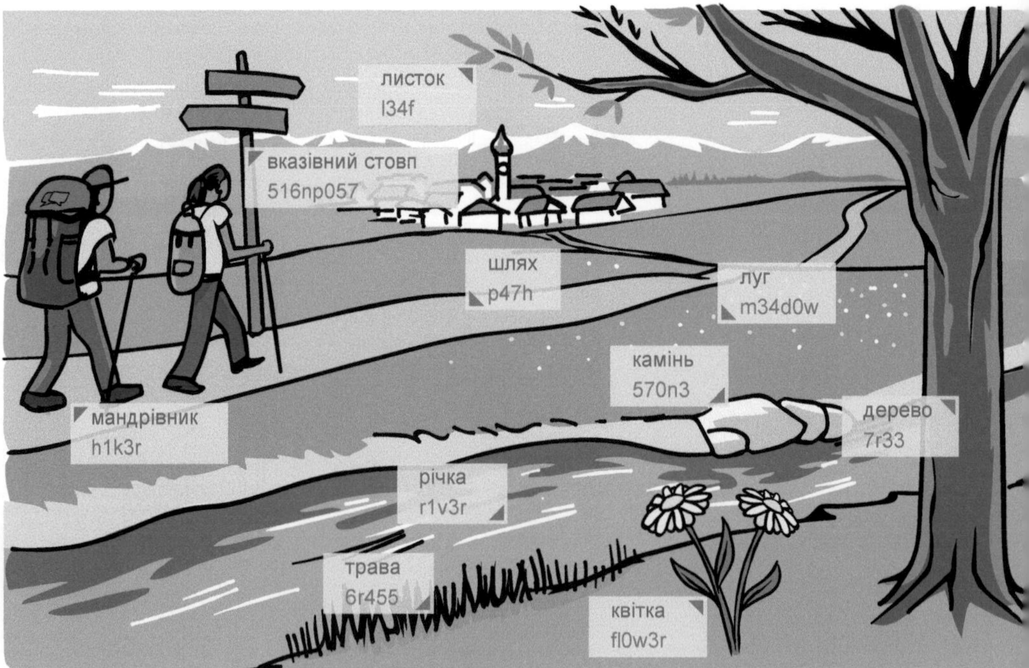

листок
l34f

вказівний стовп
516np057

шлях
p47h

луг
m34d0w

камінь
570n3

дерево
7r33

мандрівник
h1k3r

річка
r1v3r

трава
6r455

квітка
fl0w3r

долина

v4ll3y

гора

h1ll

озеро

l4k3

ліс

f0r357

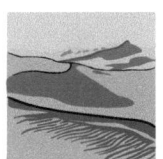

пустеля

d353r7

вулкан

v0lc4n0

замок

c457l3

веселка

r41nb0w

гриб

mu5hr00m

пальма

p4lm 7r33

комар

m05qu170

муха

fly

мурашка

4n7

бджола

b33

павук

5p1d3r

жук

b337l3

жаба

fr06

вивірка

5qu1rr3l

їжак

h3d63h06

заєць

h4r3

сова

0wl

птах

b1rd

лебідь

5w4n

кабан

b04r

олень

d33r

лось

m0053

гребля

d4m

вітряк

w1nd 7urb1n3

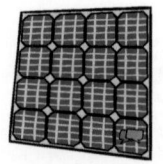

сонячний модуль

50l4r p4n3l

клімат

cl1m473

ресторан
r3574ur4n7

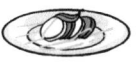

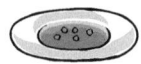

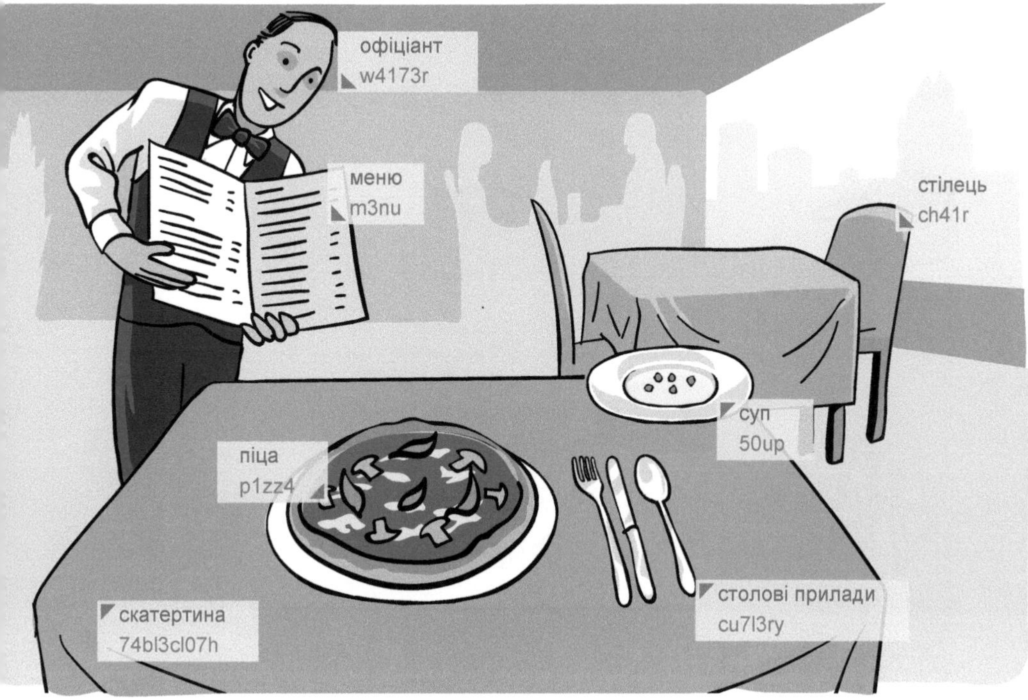
офіціант
w4173r
меню
m3nu
стілець
ch41r
суп
50up
піца
p1zz4
столові прилади
cu7l3ry
скатертина
74bl3cl07h

закуска

574r73r

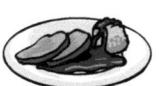

друга страва

m41n c0ur53

десерт

d3553r7

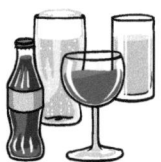

напої

dr1nk5

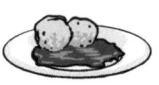

їжа

f00d

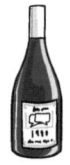

пляшка

b077l3

фаст-фуд

f457 f00d

вулична їжа

57r337 f00d

чайник

734p07

цукорниця

5u64r b0wl

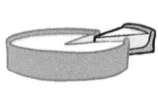

порція

p0r710n

еспресо-машина

35pr3550 m4ch1n3

високий стільчик

h16h ch41r

рахунок

b1ll

піднос

7r4y

ніж

kn1f3

вилка

f0rk

ложка

5p00n

чайна ложка

7345p00n

серветка

53rv13773

склянка

6l455

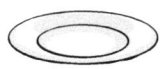

тарілка

pl473

тарілка для супу

50up pl473

блюдце

54uc3r

соус

54uc3

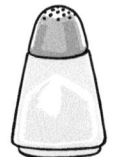

солонка

54l7 5h4k3r

млин для перцю

p3pp3r m1ll

оцет

v1n364r

масло

01l

спеції

5p1c35

кетчуп

k37chup

гірчиця

mu574rd

майонез

m4y0nn4153

супермаркет
5up3rm4rk37

пропозиція
5p3c14l 0ff3r
FOR
клієнт
cu570m3r
молочні продукти
d41ry pr0duc75
фрукти
fru17
візок для покупок
5h0pp1n6 c4r7

BUTCHERS

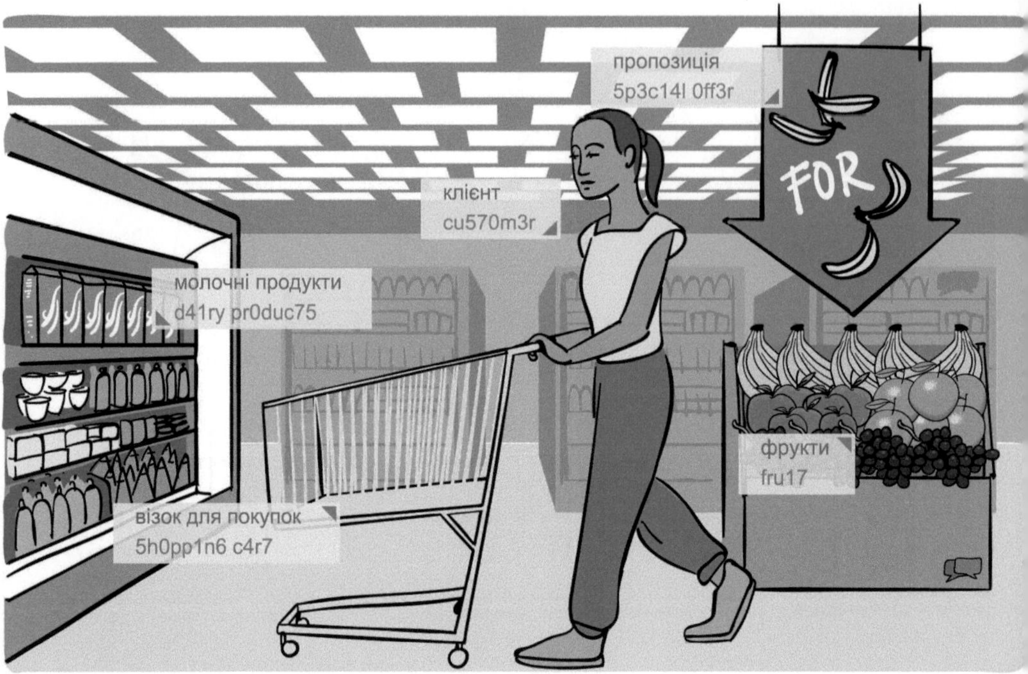

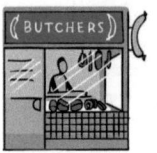

м'ясний магазин

bu7ch3r'5 5h0p

BAKERY

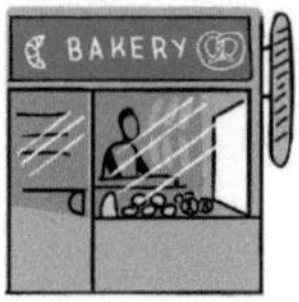

пекарня

b4k3ry

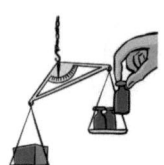

зважувати

w316h

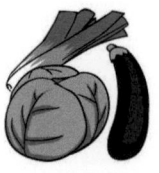

овочі

v36374bl35

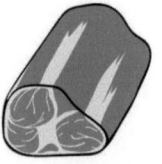

м'ясо

m347

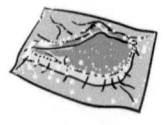

заморожені продукти

fr0z3n f00d

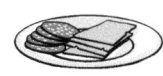

ковбасна нарізка

c0ld cu75

консерви

c4nn3d f00d

пральний порошок

d373r63n7

солодощі

c4ndy

предмети домашнього
побуту

h0u53h0ld pr0duc75

мийний засіб

cl34n1n6 pr0duc75

продавщиця

54l35 r3pr353n7471v3

каса

c45h r361573r

касир

c45h13r

список покупок

5h0pp1n6 l157

часи роботи

0p3n1n6 h0ur5

гаманець

w4ll37

кредитна картка

cr3d17 c4rd

сумка

b46

поліетиленовий пакет

pl4571c b46

вода

w473r

сік

ju1c3

молоко

m1lk

кола

c0k3

вино

w1n3

пиво

b33r

алкоголь

4lc0h0l

какао

c0c04

чай

734

кава

c0ff33

еспресо

35pr3550

капучіно

c4ppucc1n0

банан

b4n4n4

яблуко

4ppl3

апельсин

0r4n63

кавун

m3l0n

лимон

l3m0n

морква

c4rr07

часник

64rl1c

бамбук

b4mb00

цибуля

0n10n

гриб

mu5hr00m

горішки

nu75

локшина

n00dl35

спагеті

5p46h3771

рис

r1c3

салат

54l4d

картопля фрі

fr135

смажена картопля

fr13d p0747035

піца

p1zz4

гамбургер

h4mbur63r

бутерброд

54ndw1ch

шніцель

35c4l0p3

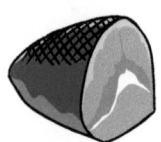

шинка

h4m

салямі

54l4m1

ковбаса

54u5463

курка

ch1ck3n

печеня

r0457

риба

f15h

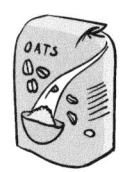

вівсяні пластівці

p0rr1d63 0475

мюслі

mu35l1

кукурудзяні пластівці

c0rnfl4k35

борошно

fl0ur

круасан

cr01554n7

булочка

br34d r0ll

хліб

br34d

тостовий хліб

70457

печиво

c00k135

масло

bu773r

сир

curd

пиріг

c4k3

яйце

366

яєчня

fr13d 366

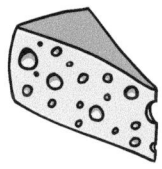

сир

ch3353

морозиво

1c3 cr34m

цукор

5u64r

мед

h0n3y

мармелад

j3lly

нуга-крем

n0u647 cr34m

карі

curry

ферма

f4rm

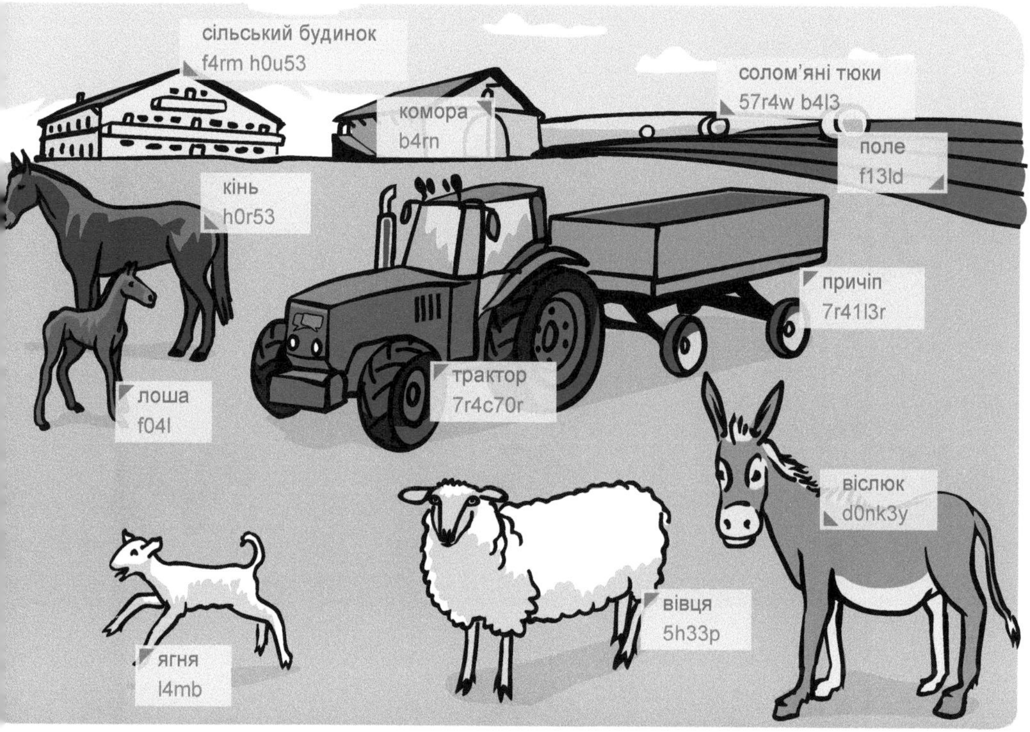

сільський будинок
f4rm h0u53
комора
b4rn
солом'яні тюки
57r4w b4l3
поле
f13ld
кінь
h0r53
причіп
7r41l3r
лоша
f04l
трактор
7r4c70r
віслюк
d0nk3y
вівця
5h33p
ягня
l4mb

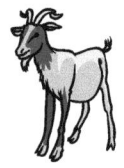

коза

6047

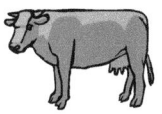

корова

c0w

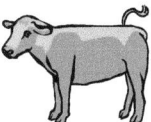

теля

c4lf

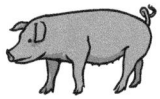

свиня

p16

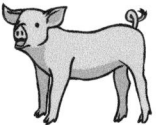

порося

p16l37

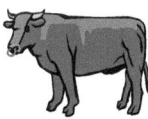

бик

bull

гусак

60053

качка

duck

курча

ch1ck

курка

h3n

півень

c0ck3r3l

щур

r47

кіт

c47

миша

m0u53

віл

0x

собака

d06

собача будка

d06 h0u53

садовий шланг

64rd3n h053

лійка

w473r1n6 c4n

коса

5cy7h3

плуг

pl0u6h

ферма - f4rm

серп

51ckl3

мотика

h03

вила

p17chf0rk

сокира

4x3

тачка

pu5hc4r7

корито

7r0u6h

бідон молока

m1lk c4n

мішок

54ck

паркан

f3nc3

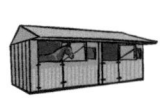

хлів

574bl3

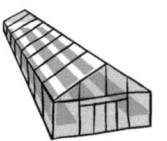

теплиця

6r33nh0u53

ґрунт

501l

насіння

533d

добриво

f3r71l1z3r

комбайн

c0mb1n3 h4rv3573r

пожинати

h4rv357

урожай

h4rv357

корінь ямсу

y4m5

пшениця

wh347

соя

50y4

картопля

p07470

кукурудза

c0rn

ріпак

r4p3533d

плодове дерево

fru17 7r33

маніок

m4n10c

злаки

6r41n

дім

h0u53

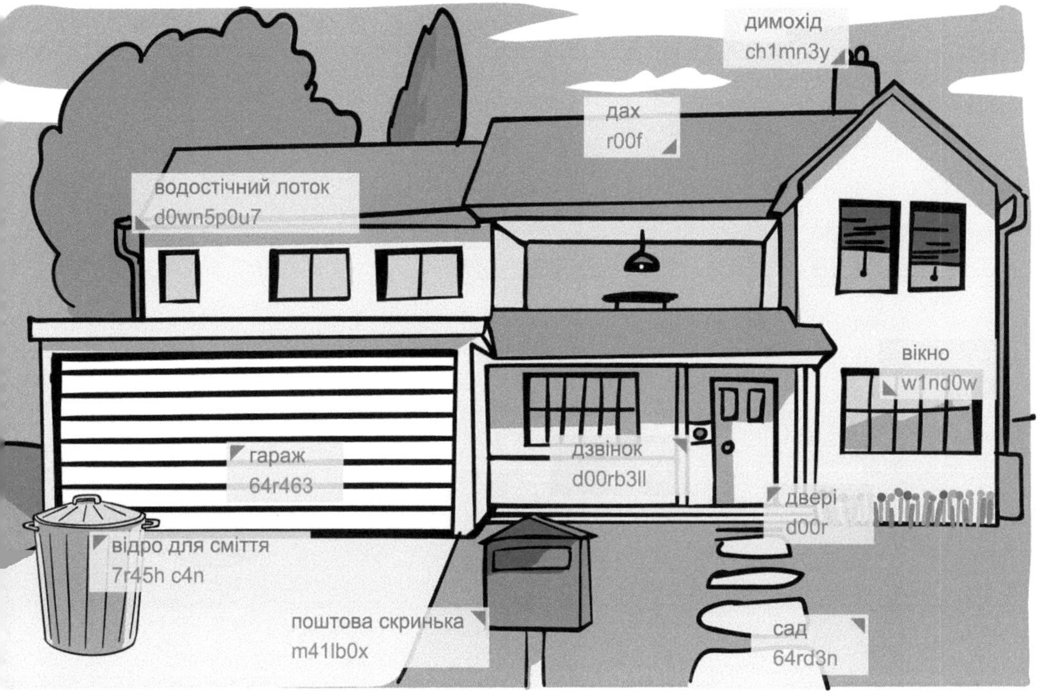

димохід
ch1mn3y
дах
r00f
водостічний лоток
d0wn5p0u7
вікно
w1nd0w
гараж
64r463
дзвінок
d00rb3ll
двері
d00r
відро для сміття
7r45h c4n
поштова скринька
m41lb0x
сад
64rd3n

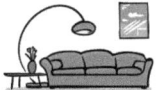

вітальня

l1v1n6 r00m

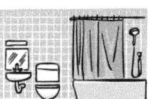

ванна кімната

b47hr00m

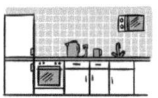

кухня

k17ch3n

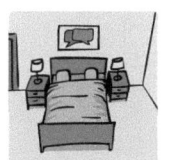

спальня

b3dr00m

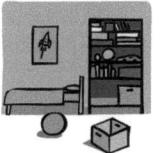

дитяча кімната

ch1ld'5 r00m

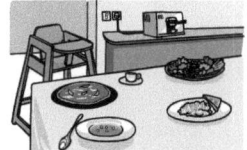

їдальня

d1n1n6 r00m

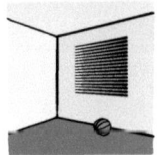

підлога

fl00r

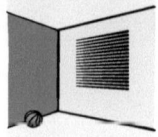

стіна

w4ll

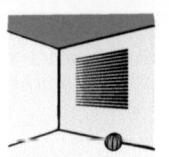

стеля

c31l1n6

підвал

c3ll4r

сауна

54un4

балкон

b4lc0ny

тераса

73rr4c3

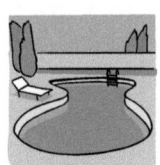

басейн

p00l

косарка

l4wn m0w3r

простирало

5h337

ковдра

b3d5pr34d

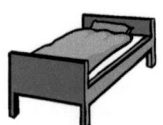

ліжко

b3d

мітла

br00m

відро

buck37

перемикач

5w17ch

вітальня

l1v1n6 r00m

шпалери
w4llp4p3r
малюнок
p1c7ur3
лампа
l4mp
поличка
5h3lf
шафа
c4b1n37
телевізор
73l3v1510n
камін
f1r3pl4c3
квітка
fl0w3r
подушка
cu5h10n
диван
50f4
ваза
v453
пульт
r3m073 c0n7r0l

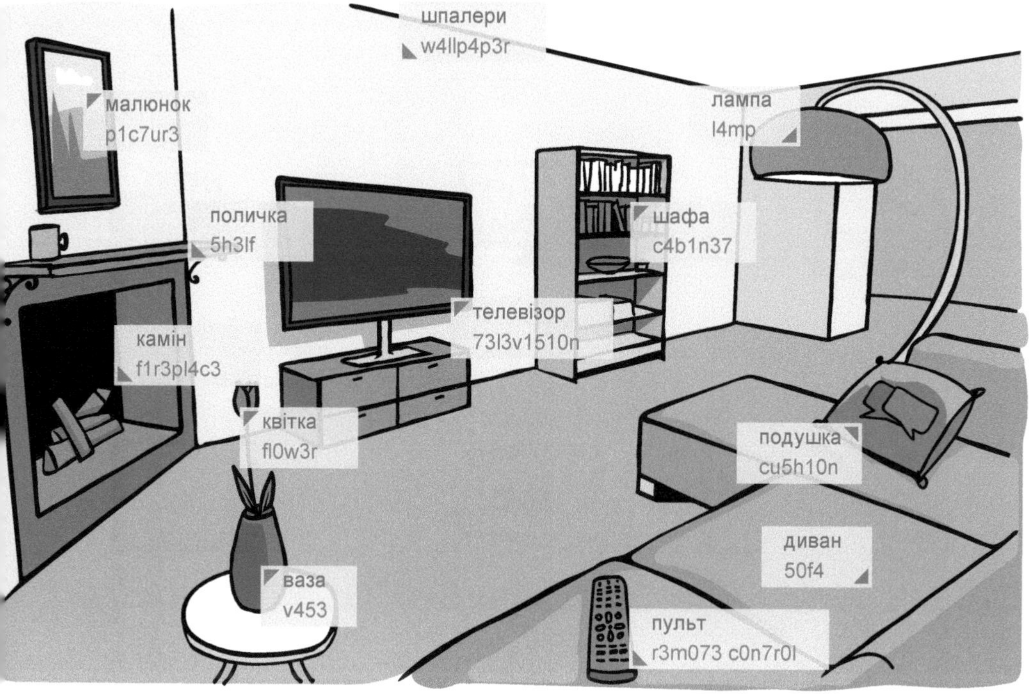

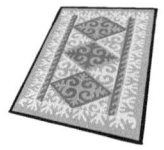

килим

c4rp37

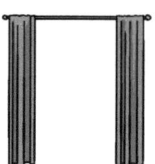

завіса

dr4p3

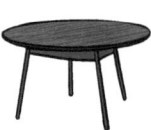

стіл

74bl3

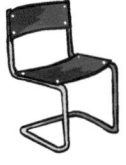

стілець

ch41r

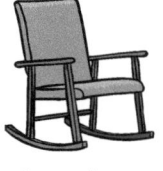

крісло-гойдалка

r0ck1n6 ch41r

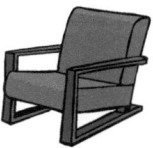

крісло

4rmch41r

книга

b00k

ковдра

bl4nk37

прикраса

d3c0r4710n

дрова

f1r3w00d

фільм

f1lm

стереосистема

573r30 5y573m

ключ

k3y

газета

n3w5p4p3r

картина

p41n71n6

плакат

p0573r

радіо

r4d10

блокнот

n073b00k

пилосос

v4cuum cl34n3r

кактус

c4c7u5

свічка

c4ndl3

кухня

k17ch3n

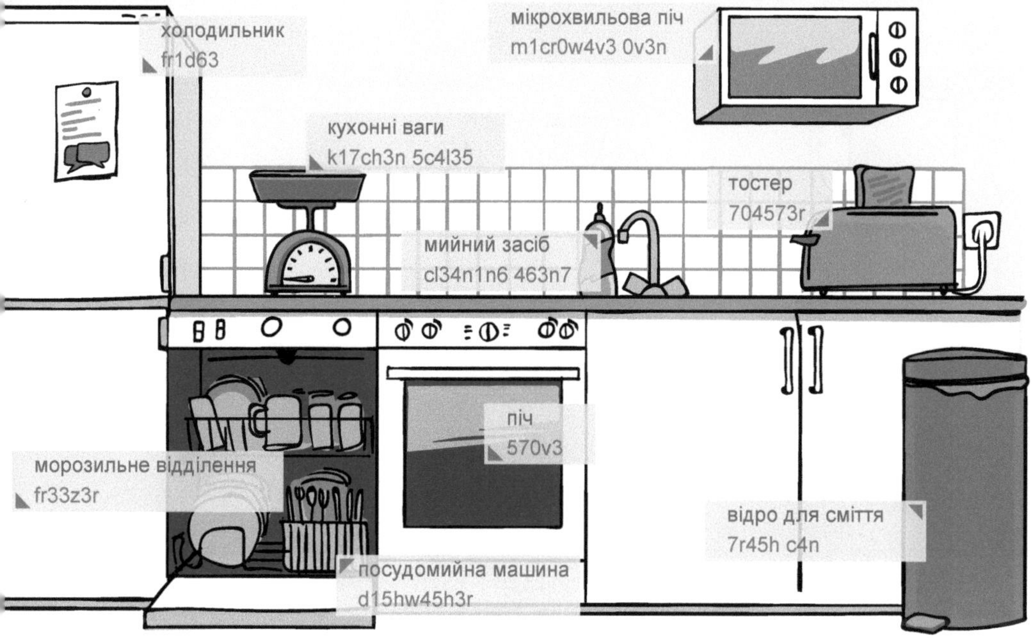

холодильник
fr1d63
мікрохвильова піч
m1cr0w4v3 0v3n
кухонні ваги
k17ch3n 5c4l35
тостер
704573r
мийний засіб
cl34n1n6 463n7
піч
570v3
морозильне відділення
fr33z3r
відро для сміття
7r45h c4n
посудомийна машина
d15hw45h3r

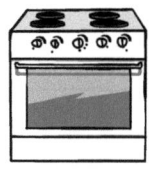

плита

c00k3r

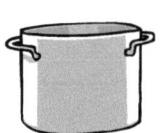

горщик

p07

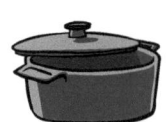

чавунний горщик

c457-1r0n p07

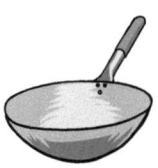

вок / кадай

w0k / k4d41

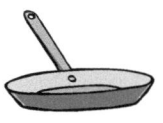

сковорода

p4n

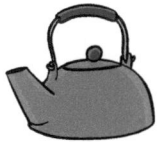

чайник

k377l3

пароварка

5734m3r

лист

b4k1n6 7r4y

посуд

cr0ck3ry

кухоль

mu6

чаша

b0wl

палички для їжі

ch0p571ck5

черпак

l4dl3

лопатка

5p47ul4

вінчик для збивання

wh15k

сито

57r41n3r

сито

513v3

терка

6r473r

ступка

m0r74r

барбекю

b4rb3cu3

багаття

f1r3pl4c3

дошка

chOpp1n6 b04rd

качалка

r0ll1n6 p1n

штопор

c0rk5cr3w

конзерва

c4n

відкривачка

c4n 0p3n3r

прихватки

Ov3n cl07h

раковина

51nk

щітка

bru5h

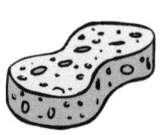

губка

5p0n63

міксер

bl3nd3r

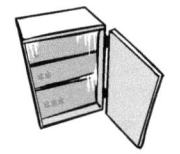

морозильна камера

d33p fr33z3r

дитяча пляшка

b4by b077l3

кран

74p

ванна кімната

b47hr00m

опалення
h3471n6
душ
5h0w3r
рушник
70w3l
душова завіса
5h0w3r cur741n
піниста ванна
bubbl3 b47h
ванна
b47h7ub
склянка
6l455
пральна машина
w45h1n6 m4ch1n3
кран
74p
плитка
71l35
горшок
p077y
раковина
51nk

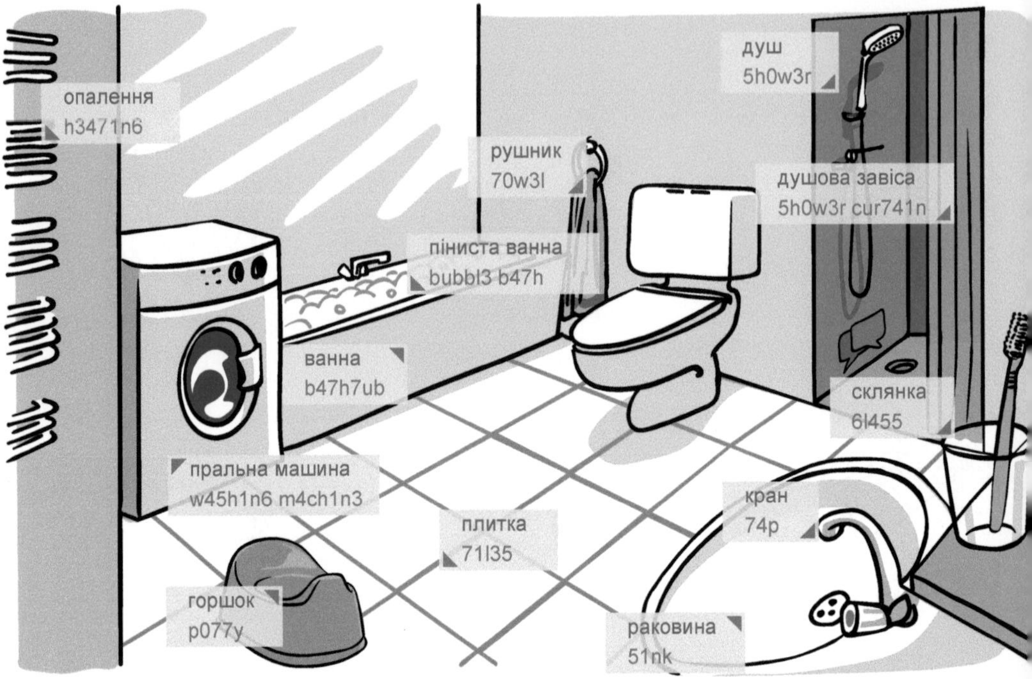

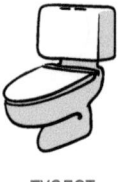

туалет

701l37

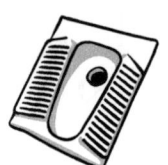

підлоговий туалет

5qu47 701l37

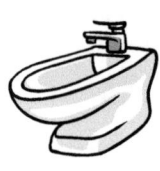

біде

b1d37

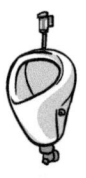

пісуар

ur1n4l

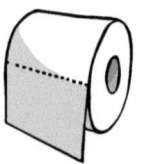

туалетний папір

701l37 p4p3r

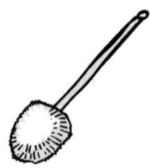

щітка для туалету

701l37 bru5h

зубна щітка

7007hbru5h

зубна паста

7007hp4573

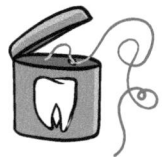

нитка для чищення зубів

d3n74l fl055

мити

w45h

ручний душ

h4nd 5h0w3r

інтимний душ

d0uch3

таз

b451n

щітка для спини

b4ck bru5h

мило

504p

гель для душу

5h0w3r 63l

шампунь

5h4mp00

мочалка

fl4nn3l

водостік

dr41n

крем

cr3m3

дезодорант

d30d0r4n7

дзеркало

m1rr0r

косметичне дзеркало

h4nd m1rr0r

бритва

r4z0r

піна для гоління

5h4v1n6 f04m

лосьйон після гоління

4f73r5h4v3

гребінь

c0mb

щітка

bru5h

фен

h41r-dry3r

лак для волосся

h41r5pr4y

косметика

m4k3up

губна помада

l1p571ck

лак для нігтів

n41l v4rn15h

вата

c0770n w00l

ножиці для нігтів

n41l 5c1550r5

парфум

p3rfum3

косметичка

w45hb46

табурет

5700l

ваги

w316h1n6 5c4l35

халат

b47hr0b3

гумові рукавички

rubb3r 6l0v35

тампон

74mp0n

гігієнічні прокладки

54n174ry 70w3l

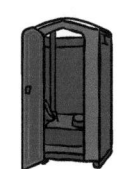

біотуалет

ch3m1c4l 701l37

дитяча кімната

ch1ld'5 r00m

будильник
4l4rm cl0ck
м'яка іграшка
cuddly 70y
іграшковий автомобіль
70y c4r
брязкальце
r477l3
лялькoвий будиночок
d0ll'5 h0u53
подарунок
pr353n7

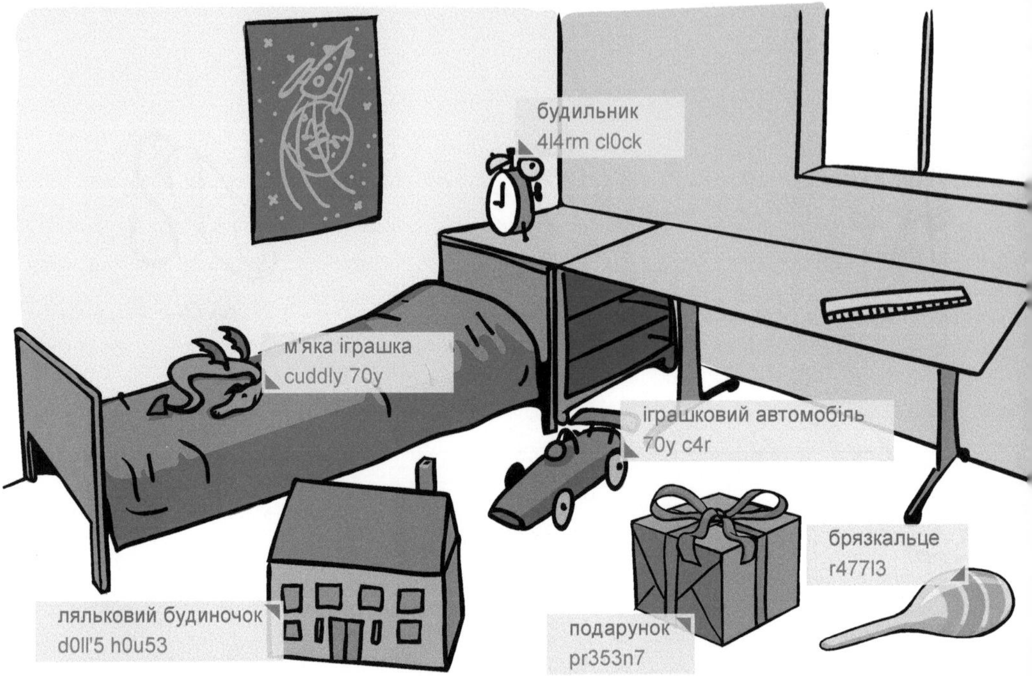

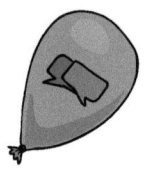

повітряна кулька

b4ll00n

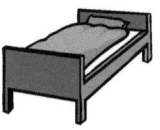

ліжко

b3d

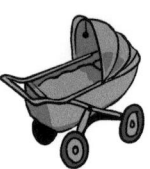

дитячий візок

57r0ll3r

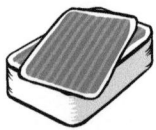

картярська гра

d3ck 0f c4rd5

пазл

j1654w

SUPER
MEGA

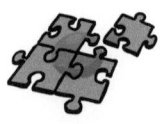

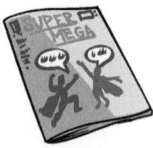

комікс

c0m1c

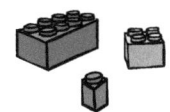

лего цеглинки

l360 br1ck5

блоки

70y bl0ck5

іграшкова фігурка

4c710n f16ur3

повзунки

r0mp3r 5u17

фризбі

fr15b33

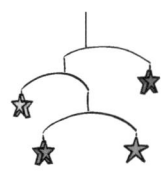

мобіле

m0b1l3

настільна гра

b04rd 64m3

кубик

d1c3

модель залізнична станція

m0d3l 7r41n 537

соска

dummy

вечірка

p4r7y

книжка з картинками

p1c7ur3 b00k

м'яч

b4ll

лялька

d0ll

грати

pl4y

пісочниця

54ndp17

гойдалка

5w1n6

іграшка

70y

гральна консоль

v1d30 64m3 c0n50l3

триколісний велосипед

7r1cycl3

плюшевий мішка

73ddy b34r

шафа

w4rdr0b3

одяг

cl07h1n6

шкарпетки

50ck5

панчохи

570ck1n65

колготки

716h75

шарф
5c4rf

парасоля
umbr3ll4

футболка
7-5h1r7

ремінь
b3l7

чоботи
b0075

домашнє взуття
5l1pp3r5

кросівки
5n34k3r5

сандалі
54nd4l5

взуття
5h035

гумові чоботи
rubb3r b0075

труси
br13f5

бюстгальтер
br4

нижня сорочка
und3r5h1r7

боді

b0dy

штани

p4n75

джинси

j34n5

спідниця

5k1r7

блузка

bl0u53

сорочка

5h1r7

пуловер

pull0v3r

светр

5w3473r

піджак

bl4z3r

куртка

j4ck37

пальто

c047

дощовик

r41nc047

костюм

c057um3

сукня

dr355

весільна сукня

w3dd1n6 dr355

костюм

5u17

нічна сорочка

n16h760wn

піжама

p4j4m45

сарі

54r1

головна хустка

h34d5c4rf

чалма

7urb4n

бурка

burk4

кафтан

k4f74n

абая

4b4y4

купальник

5w1m5u17

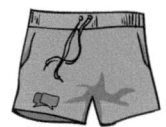

плавки

7runk5

шорти

5h0r75

тренувальний костюм

7r4ck5u17

фартух

4pr0n

рукавички

6l0v35

гудзик

bu770n

окуляри

6l45535

браслет

br4c3l37

ланцюг

n3ckl4c3

кільце

r1n6

сережка

34rr1n6

шапка

c4p

плічка

c047 h4n63r

капелюх

h47

краватка

713

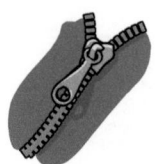

застібка-блискавка

z1p

шолом

h3lm37

підтяжки

br4c35

шкільна форма

5ch00l un1f0rm

уніформа

un1f0rm

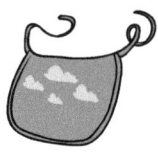

нагрудник

b1b

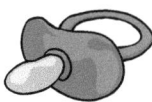

соска

dummy

підгузок

d14p3r

офіс

0ff1c3

сервер
53rv3r
шаф для документів
f1l1n6 c4b1n37
принтер
pr1n73r
папір
p4p3r
монітор
m0n170r
письмовий стіл
d35k
миша
m0u53
папка
f0ld3r
синтезатор
k3yb04rd
кошик для паперу
w4573-p4p3r b45k37
стілець
ch41r
комп'ютер
c0mpu73r

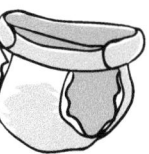

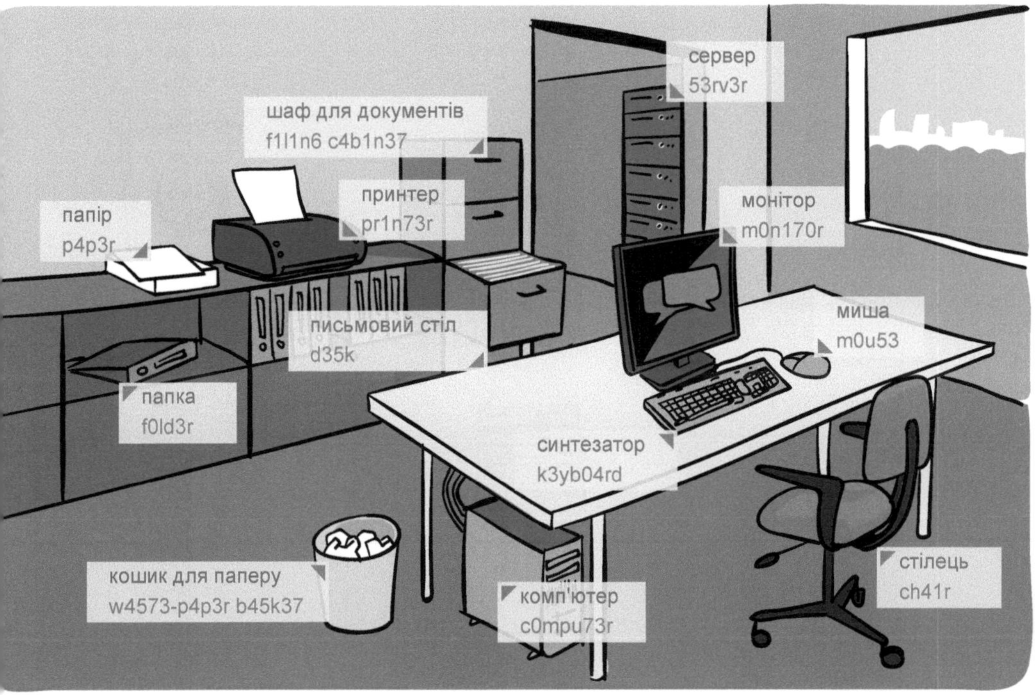

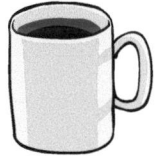

кавовий кухоль

c0ff33 mu6

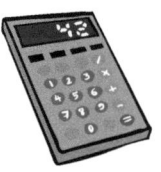

калькулятор

c4lcul470r

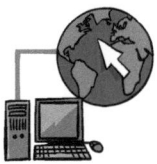

інтернет

1n73rn37

ноутбук

l4p70p

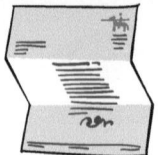

лист

l3773r

повідомлення

m355463

мобільний телефон

c3ll ph0n3

мережа

n37w0rk

копіювальний пристрій

ph070c0p13r

програмне забезпечення

50f7w4r3

телефон

73l3ph0n3

розетка

plu6 50ck37

факс

f4x m4ch1n3

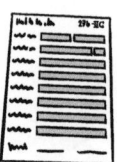

бланк

f0rm

документ

d0cum3n7

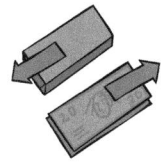

купувати

buy

платити

p4y

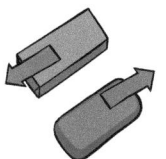

торгувати

7r4d3

гроші

m0n3y

USD

долар

d0ll4r

EUR

євро

3ur0

JPY

ієна

y3n

RUB

рубль

r0ubl3

CHF

франк

5w155 fr4nc

CNY

юанів женьміньбі

r3nm1nb1 yu4n

INR

рупія

rup33

банкомат

c45h p01n7

обмінний пункт

curr3ncy 3xch4n63 0ff1c3

золото

60ld

срібло

51lv3r

нафта

01l

енергія

3n3r6y

ціна

pr1c3

контракт

c0n7r4c7

податок

74x

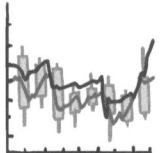

акція

570ck

працювати

w0rk

працівник

3mpl0y33

роботодавець

3mpl0y3r

фабрика

f4c70ry

магазин

5h0p

професії
0ccup4710n5

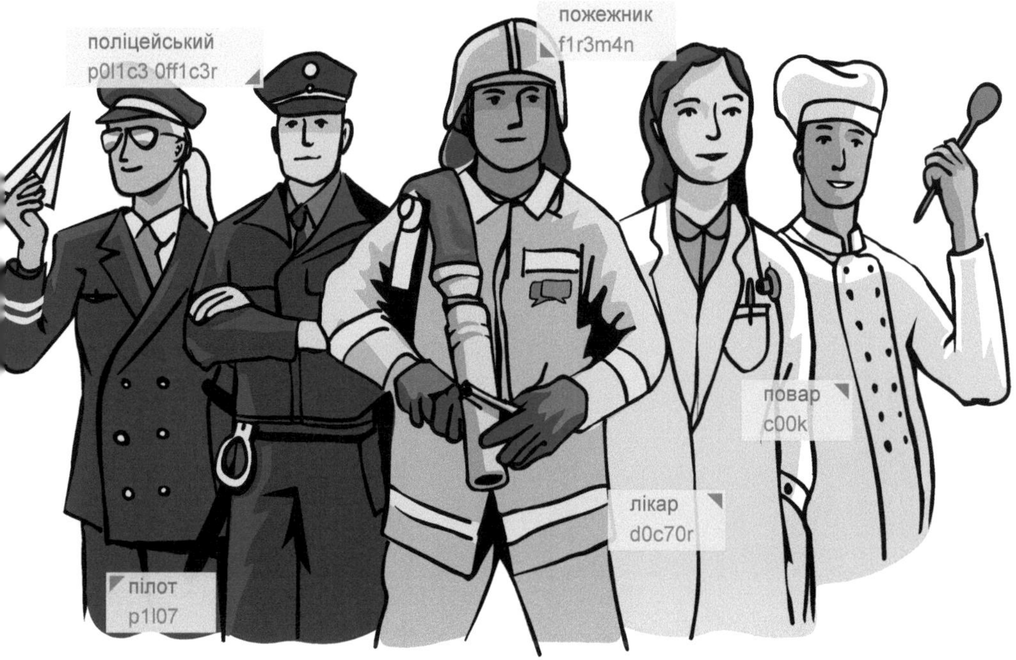
поліцейський
p0l1c3 0ff1c3r
пожежник
f1r3m4n
повар
c00k
лікар
d0c70r
пілот
p1l07

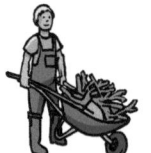

садівник

64rd3n3r

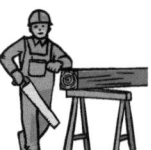

столяр

c4rp3n73r

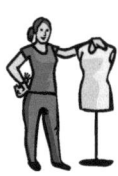

швачка

534m57r355

суддя

jud63

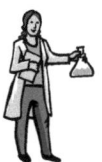

хімік

ch3m157

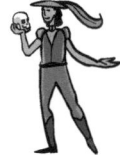

актор

4c70r

водій автобуса

bu5 dr1v3r

таксист

74x1 dr1v3r

рибалка

f15h3rm4n

прибиральниця

cl34n1n6 l4dy

покрівельник

r00f3r

офіціант

w4173r

мисливець

hun73r

художник

p41n73r

пекар

b4k3r

електрик

3l3c7r1c14n

будівельник

bu1ld3r

інженер

3n61n33r

забійник

bu7ch3r

бляхар

plumb3r

листоноша

p057m4n

солдат

50ld13r

архітектор

4rch173c7

касир

c45h13r

флорист

fl0r157

перукар

h41rdr3553r

кондуктор

c0nduc70r

механік

m3ch4n1c

капітан

c4p741n

дантист

d3n7157

вчений

5c13n7157

рабин

r4bb1

імам

1m4m

монах

m0nk

пастор

p4570r

інструменти
700l5

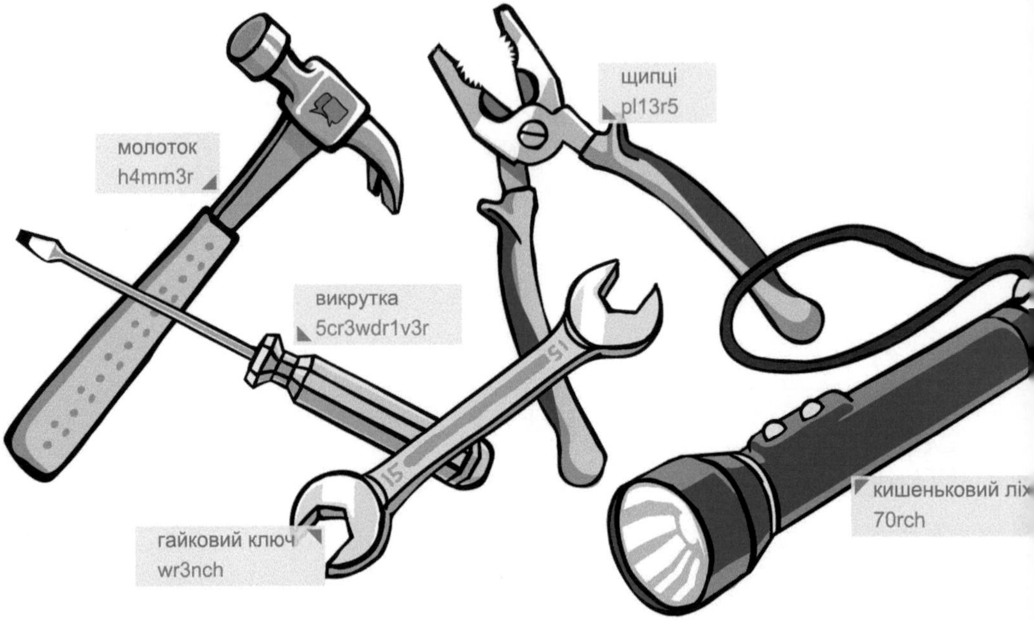
молоток
h4mm3r
щипці
pl13r5
викрутка
5cr3wdr1v3r
гайковий ключ
wr3nch
кишеньковий лі
70rch

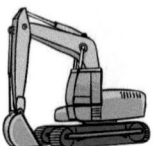

екскаватор

3xc4v470r

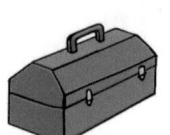

ящик для інструментів

700lb0x

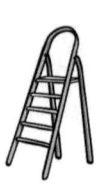

драбина

l4dd3r

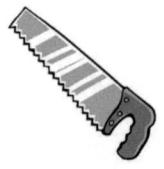

пилка

54w

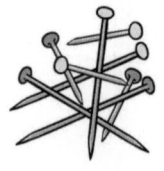

цвяхи

n41l5

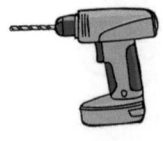

свердло

dr1ll

ремонтувати

r3p41r

лопата

5h0v3l

лайно!

d4mn!

совок

du57p4n

відро з фарбою

p41n7 c4n

гвинти

5cr3w5

музичні інструменти
mu51c4l 1n57rum3n75

динамік
l0ud 5p34k3r

ударна установка
drum 537

гітара
6u174r

контрабас
d0ubl3 b455

труба
7rump37

фортепіано

p14n0

скрипка

v10l1n

бас

b455

литаври

71mp4n1

барабан

drum5

клавіатура

k3yb04rd

саксофон

54x0ph0n3

флейта

flu73

мікрофон

m1cr0ph0n3

зоопарк
z00

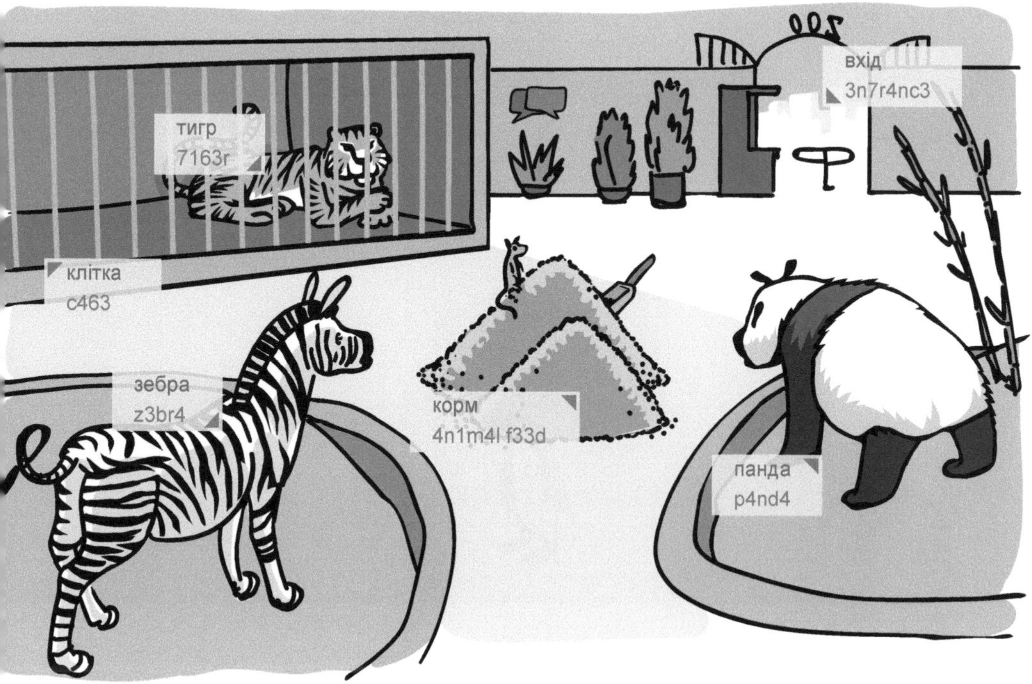
вхід
3n7r4nc3
тигр
7163r
клітка
c463
зебра
z3br4
корм
4n1m4l f33d
панда
p4nd4

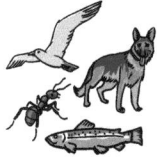

тварини

4n1m4l5

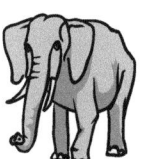

слон

3l3ph4n7

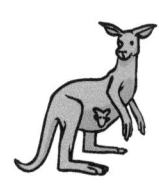

кенгуру

k4n64r00

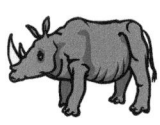

носоріг

rh1n0

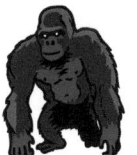

горила

60r1ll4

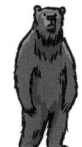

ведмідь

b34r

верблюд

c4m3l

страус

057r1ch

лев

l10n

мавпа

m0nk3y

фламінго

fl4m1n60

папуга

p4rr07

білий ведмідь

p0l4r b34r

пінгвін

p3n6u1n

акула

5h4rk

павич

p34c0ck

змія

5n4k3

крокодил

cr0c0d1l3

працівник зоопарку

z00k33p3r

тюлень

534l

ягуар

j46u4r

поні

p0ny

леопард

l30p4rd

гіпопотам

h1pp0

жираф

61r4ff3

орел

346l3

кабан

b04r

риба

f15h

черепаха

7ur7l3

морж

w4lru5

лисиця

f0x

газель

64z3ll3

американський футбол
4m3r1c4n f007b4ll

їзда на велосипеді
cycl1n6

теніс
73nn15

баскетбол
b45k37b4ll

плавання
5w1mm1n6

бокс
b0x1n6

хокей
1c3 h0ck3y

футбол
50cc3r

бадмінтон
b4dm1n70n

легка атлетика
47hl371c5

гандбол
h4ndb4ll

лижні перегони
5k11n6

поло
p0l0

дії

4c71v17135

стрибати
jump
сміятися
l4u6h
обіймати
hu6
йти
w4lk
співати
51n6
мріяти
dr34m
молитися
pr4y
цілувати
k155

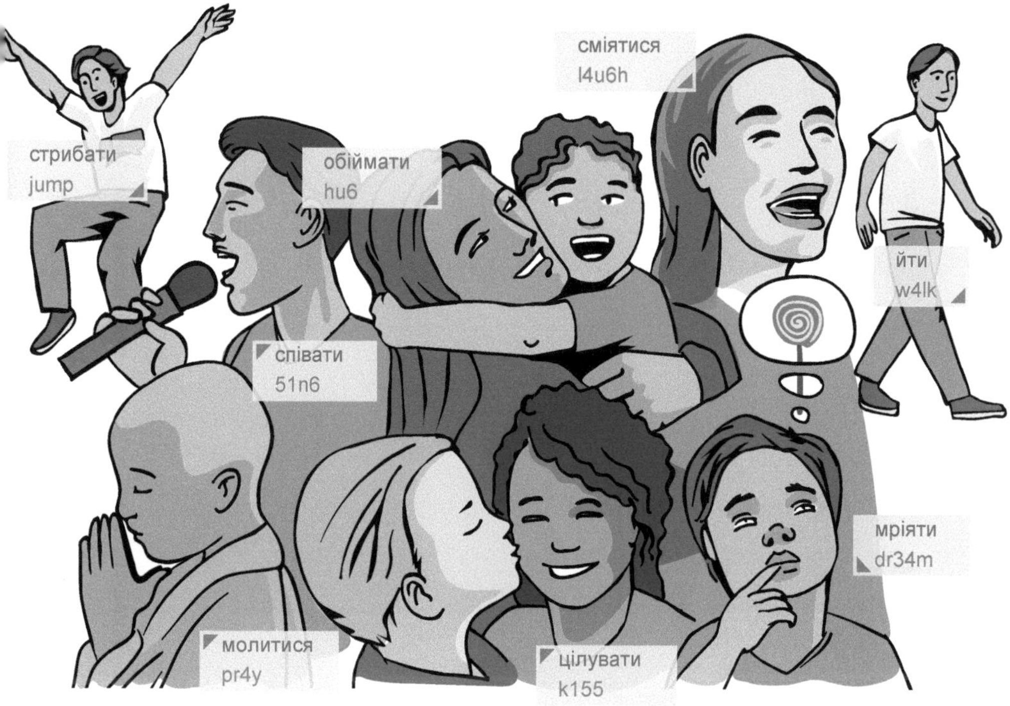

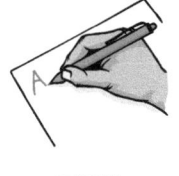

писати

wr173

малювати

dr4w

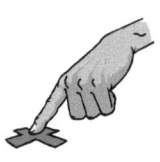

показувати

5h0w

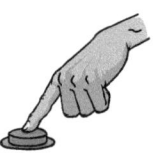

тиснути

pu5h

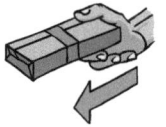

давати

61v3

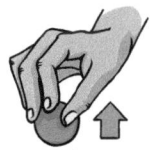

брати

74k3

мати

h4v3

робити

d0

бути

b3

стояти

574nd

бігати

run

тягнути

pull

кидати

7hr0w

падати

f4ll

лежати

l13

очікувати

w417

носити

c4rry

сидіти

517

одягати

637 dr3553d

спати

5l33p

просипатися

w4k3 up

дивитися

l00k 47

плакати

cry

гладити

57r0k3

розчісувати

c0mb

розмовляти

74lk

розуміти

und3r574nd

питати

45k

слухати

l1573n

пити

dr1nk

їсти

347

прибирати

71dy up

любити

l0v3

варити

c00k

їхати

dr1v3

літати

fly

йти під вітрилом

5411

рахувати

c4lcul473

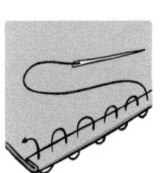

читати

r34d

вчитися

l34rn

працювати

w0rk

одружуватися

m4rry

шити

53w

чистити зуби

bru5h 7337h

убивати

k1ll

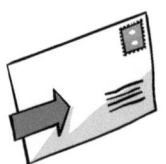

курити

5m0k3

посилати

53nd

сім'я

f4m1ly

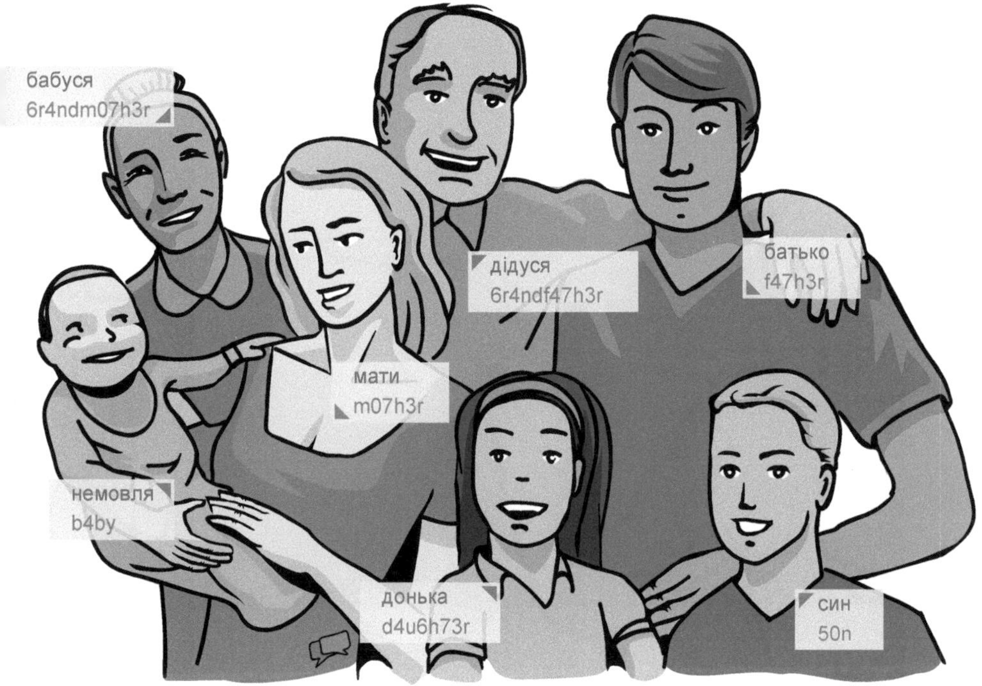
бабуся
6r4ndm07h3r
дідуся
6r4ndf47h3r
батько
f47h3r
мати
m07h3r
немовля
b4by
донька
d4u6h73r
син
50n

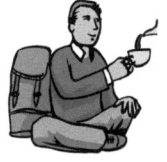

гість

6u357

тітка

4un7

дядько

uncl3

брат

br07h3r

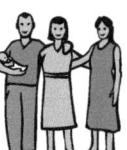

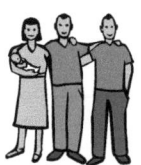

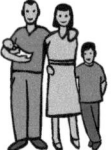

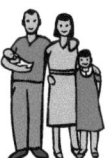

сестра

51573r

тіло

b0dy

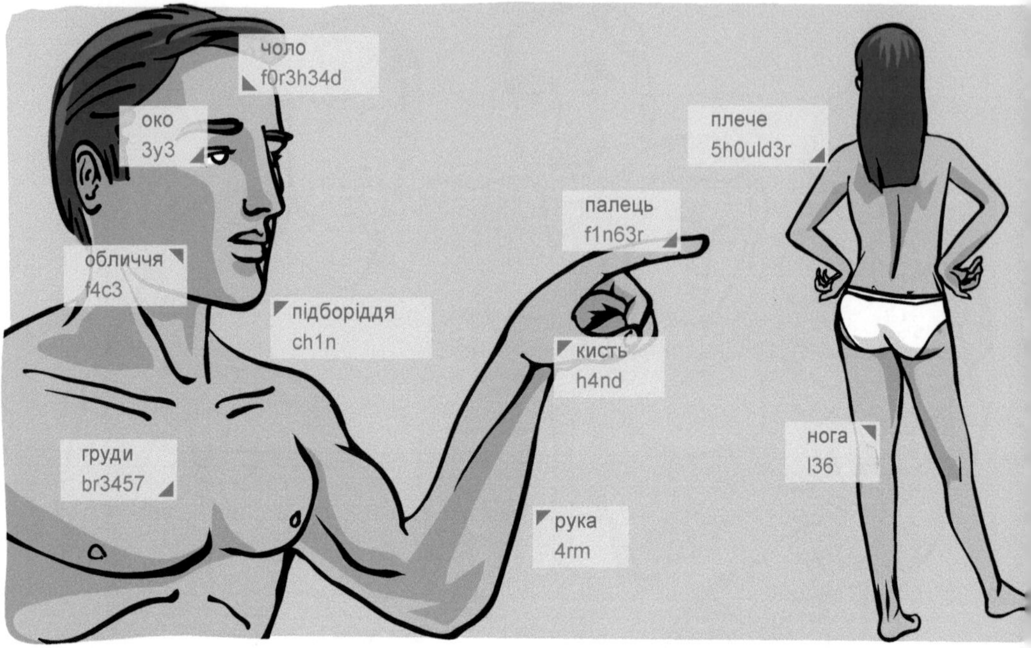

чоло
f0r3h34d

око
3y3

плече
5h0uld3r

палець
f1n63r

обличчя
f4c3

підборіддя
ch1n

кисть
h4nd

груди
br3457

нога
l36

рука
4rm

немовля

b4by

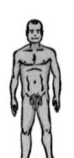

чоловік

m4n

жінка

w0m4n

дівчина

61rl

хлопчик

b0y

голова

h34d

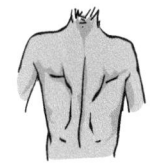

спина

b4ck

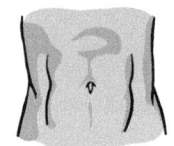

живіт

b3lly

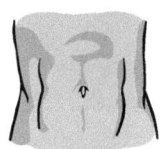

пуп

n4v3l

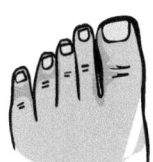

палець ноги

703

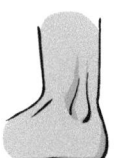

п'ята

h33l

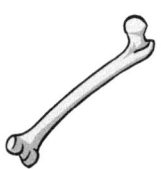

кістка

b0n3

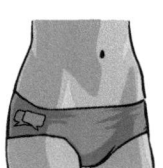

стегно

h1p

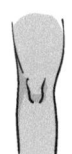

коліно

kn33

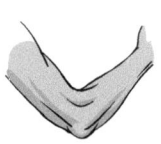

лікоть

3lb0w

ніс

n053

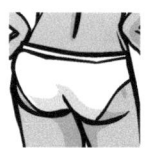

сідниці

bu770ck5

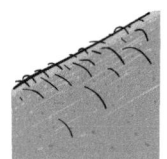

шкіра

5k1n

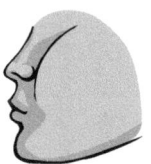

щока

ch33k

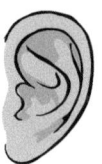

вухо

34г

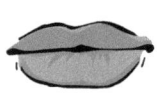

губа

l1p

рот

m0u7h

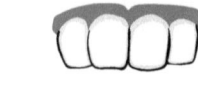

зуб

7007h

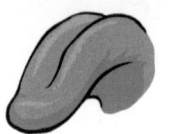

язик

70n6u3

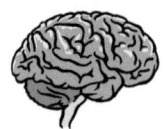

мозок

br41n

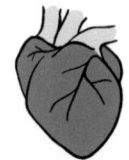

серце

h34r7

м'яз

mu5cl3

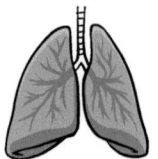

легені

lun6

печінка

l1v3r

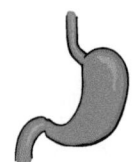

шлунок

570m4ch

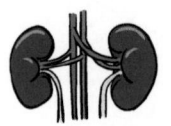

нирки

k1dn3y5

статевий акт

53x

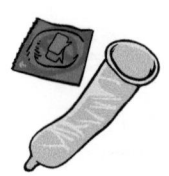

презерватив

c0nd0m

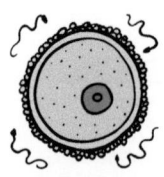

яйцеклітина

0vum

сперма

53m3n

вагітність

pr36n4ncy

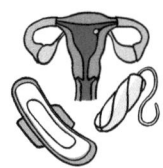

менструація
....
m3n57ru4710n

вагіна
....
v461n4

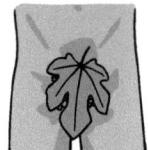

пеніс
....
p3n15

брова
....
3y3br0w

волосся
....
h41r

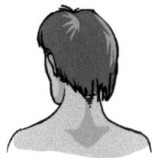

шия
....
n3ck

лікарня
h05p174l

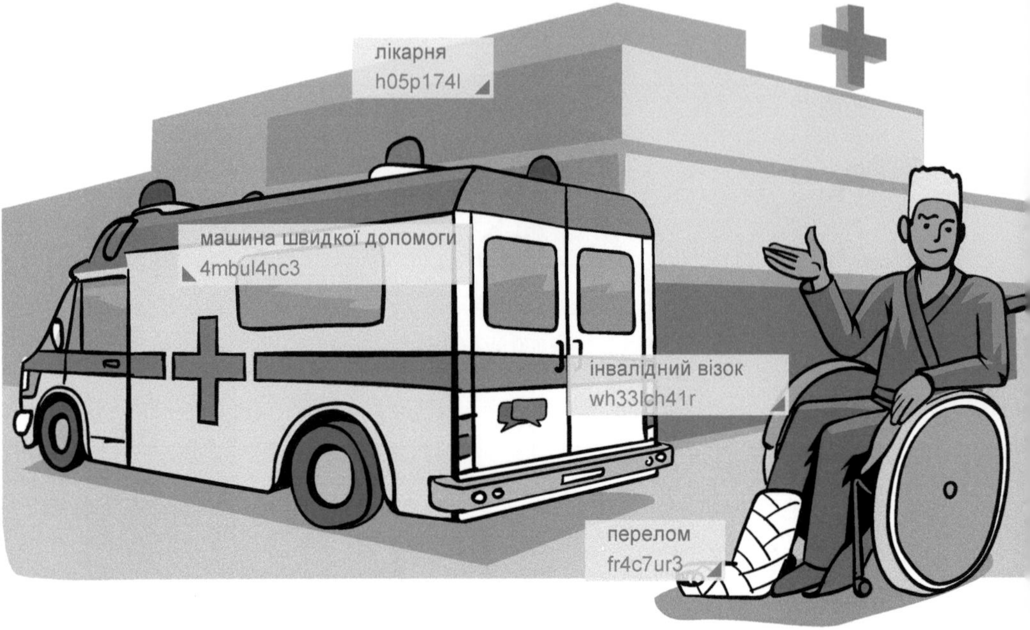

лікарня
h05p174l
машина швидкої допомоги
4mbul4nc3
інвалідний візок
wh33lch41r
перелом
fr4c7ur3

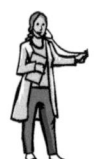

лікар
d0c70r

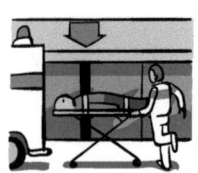

відділення швидкої медичної допомоги
3m3r63ncy r00m

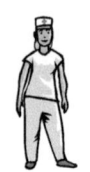

медсестра
nur53

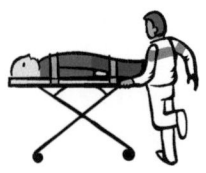

аварійний випадок
3m3r63ncy

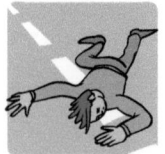

непритомний
unc0n5c10u5

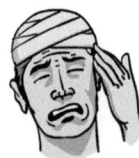

біль
p41n

травма

1njury

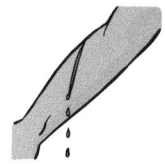

кровотеча

bl33d1n6

інфаркт

h34r7 4774ck

інсульт

57r0k3

алергія

4ll3r6y

кашель

c0u6h

лихоманка

f3v3r

грип

flu

пронос

d14rrh34

головна біль

h34d4ch3

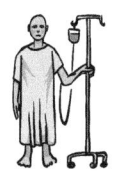

рак

c4nc3r

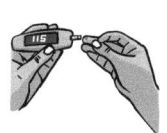

діабет

d14b3735

хірург

5ur630n

скальпель

5c4lp3l

операція

0p3r4710n

КТ

c7

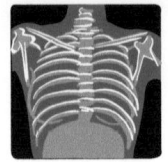

рентген

x-r4y

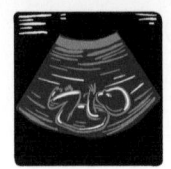

ультразвук

ul7r450und

маска

f4c3 m45k

хвороба

d153453

зал очікування

w4171n6 r00m

милиця

cru7ch

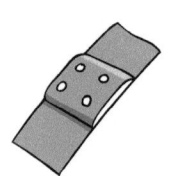

пластир

pl4573r

пов'язка

b4nd463

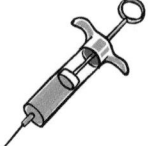

ін'єкція

1nj3c710n

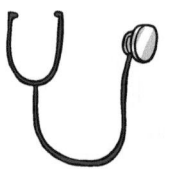

стетоскоп

5737h05c0p3

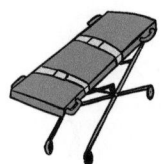

ноші

57r37ch3r

термометр

cl1n1c4l 7h3rm0m373r

народження

b1r7h

надмірна вага

0v3rw316h7

слуховий апарат

h34r1n6 41d

дезінфікуючий засіб

d151nf3c74n7

інфекція

1nf3c710n

вірус

v1ru5

ВІЛ / СНІД

h1v / 41d5

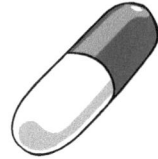

медицина

m3d1c1n3

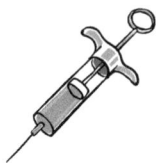

вакцинація

v4cc1n4710n

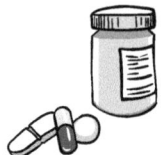

таблетки

74bl375

протизаплідна пігулка

p1ll

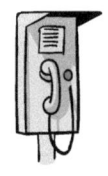

екстрений виклик

3m3r63ncy c4ll

тонометр

bl00d pr355ur3 m0n170r

хворий / здоровий

1ll / h34l7hy

Допоможіть! h3lp!	 сигнал тривоги 4l4rm	 напад 4554ul7
 атака 4774ck	 небезпека d4n63r	 аварійний вихід 3m3r63ncy 3x17
Вогонь! f1r3!	 вогнегасник f1r3 3x71n6u15h3r	 аварія 4cc1d3n7
 аптечка f1r57-41d k17	 СОС 505	 поліція p0l1c3

Європа

3ur0p3

Північна Америка

n0r7h 4m3r1c4

Південна Америка

50u7h 4m3r1c4

Африка

4fr1c4

Азія

4514

Австралія

4u57r4l14

Атлантика

47l4n71c

Тихий океан

p4c1f1c

Індійський океан

1nd14n 0c34n

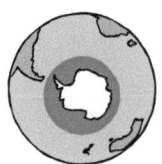

Антарктичний океан

4n74rc71c 0c34n

Північний Льодовитий
океан

4rc71c 0c34n

Північний полюс

n0r7h p0l3

Південний полюс

50u7h p0l3

Антарктика

4n74rc71c4

Земля

34r7h

суша

l4nd

море

534

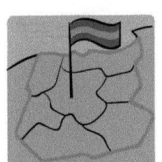

острів

15l4nd

нація

n4710n

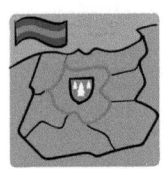

держава

57473

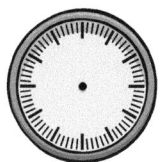

циферблат

cl0ck f4c3

годинникова стрілка

h0ur h4nd

хвилинна стрілка

m1nu73 h4nd

секундна стрілка

53c0nd h4nd

Котра година?

wh47 71m3 15 17?

день

d4y

час

71m3

зараз

n0w

цифровий годинник

d16174l w47ch

хвилина

m1nu73

година

h0ur

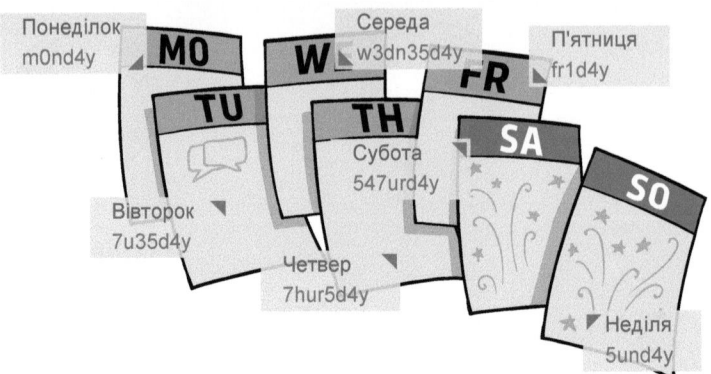

Понеділок
m0nd4y

Середа
w3dn35d4y

П'ятниця
fr1d4y

Вівторок
7u35d4y

Четвер
7hur5d4y

Субота
547urd4y

Неділя
5und4y

вчора

y3573rd4y

сьогодні

70d4y

завтра

70m0rr0w

ранок

m0rn1n6

опівдні

n00n

вечір

3v3n1n6

робочі дні

w0rkd4y5

кінець робочого тижня

w33k3nd

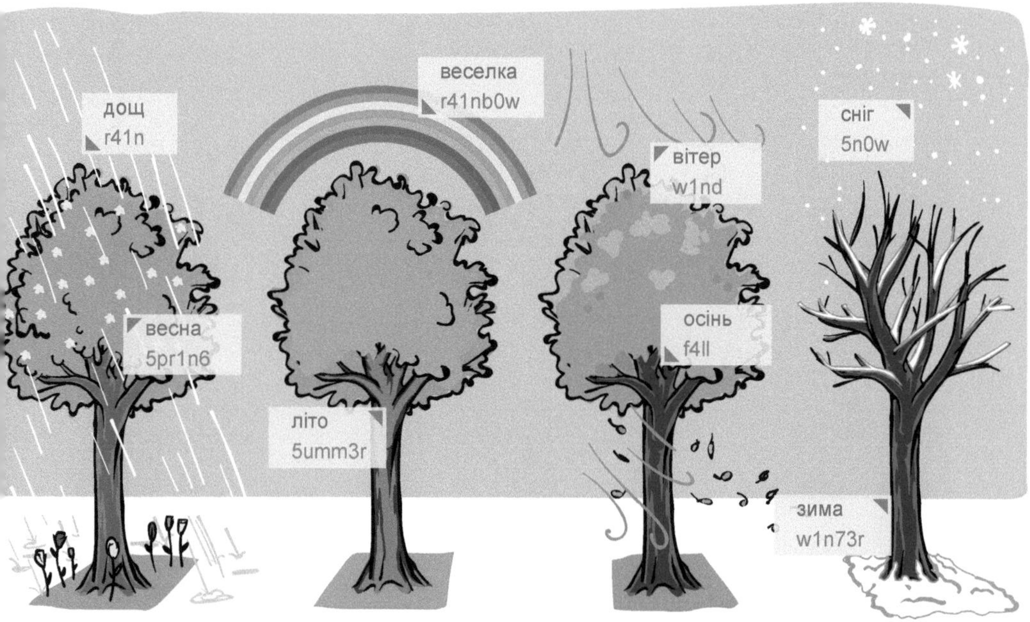

дощ
r41n

веселка
r41nb0w

сніг
5n0w

вітер
w1nd

весна
5pr1n6

осінь
f4ll

літо
5umm3r

зима
w1n73r

4.APRIL	11°	☀
5.APRIL	4°	☁
6.APRIL	13°	🌧
7.APRIL	8°	❄
8.APRIL	10°	☀

прогноз погоди

w347h3r f0r3c457

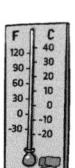

термометр

7h3rm0m373r

сонячне світло

5un5h1n3

хмара

cl0ud

туман

f06

вологість повітря

hum1d17y

блискавка

l16h7n1n6

грім

7hund3r

шторм

570rm

град

h41l

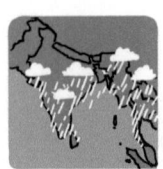

мусон

m0n500n

повінь

fl00d

лід

1c3

Січень

j4nu4ry

Лютий

f3bru4ry

Березень

m4rch

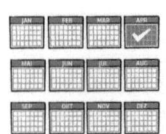

Квітень

4pr1l

Травень

m4y

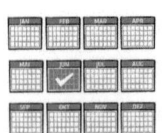

Червень

jun3

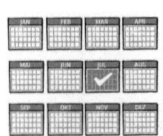

Липень

july

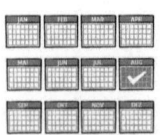

Серпень

4u6u57

рік - y34r

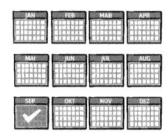

Вересень

53p73mb3r

Жовтень

0c70b3r

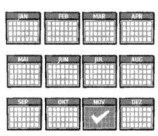

Листопад

n0v3mb3r

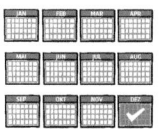

Грудень

d3c3mb3r

форми
5h4p35

круг

c1rcl3

квадрат

5qu4r3

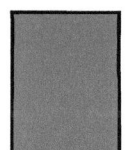

прямокутник

r3c74n6l3

трикутник

7r14n6l3

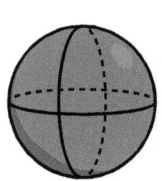

куля

5ph3r3

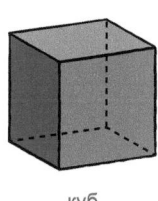

куб

cub3

білий
....
wh173

жовтий
....
y3ll0w

помаранчевий
....
0r4n63

рожевий
....
p1nk

червоний
....
r3d

фіолетовий
....
purpl3

синій
....
blu3

зелений
....
6r33n

коричневий
....
br0wn

сірий
....
6r4y

чорний
....
bl4ck

багато / мало

4 l07 / 4 l177l3

лютий / мирний

4n6ry / c4lm

гарний / бридкий

b34u71ful / u6ly

початок / кінець

b361nn1n6 / 3nd

великий / малий

b16 / 5m4ll

світлий / темний

br16h7 / d4rk

брат / сестра

br07h3r / 51573r

чистий / брудний

cl34n / d1r7y

завершений /
незавершений
c0mpl373 / 1nc0mpl373

день / ніч

d4y / n16h7

мертвий / живий

d34d / 4l1v3

широкий / вузький

w1d3 / n4rr0w

їстівний / неїстівний

3d1bl3 / 1n3d1bl3

злий / дружній

3v1l / k1nd

збуджений / нудьгуючий

3xc173d / b0r3d

товстий / тонкий

f47 / 7h1n

спочатку / востаннє

f1r57 / l457

друг / ворог

fr13nd / 3n3my

повний / порожній

full / 3mp7y

жорсткий / м'який

h4rd / 50f7

важкий / легкий

h34vy / l16h7

голод / спрага

hun63r / 7h1r57

хворий / здоровий

1ll / h34l7hy

незаконний / законний

1ll364l / l364l

розумний / дурний

1n73ll163n7 / 57up1d

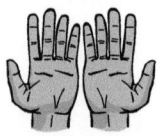

вліво / вправо

l3f7 / r16h7

поруч / далеко

n34r / f4r

новий / використаний

n3w / u53d

нічого / щось

n07h1n6 / 50m37h1n6

старий / молодий

0ld / y0un6

вкл / викл

0n / 0ff

відкрито / закрито

0p3n / cl053d

тихо / гучно

qu137 / l0ud

багатий / бідний

r1ch / p00r

правильно / неправильно

r16h7 / wr0n6

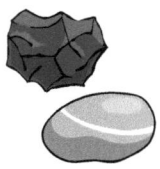

шорсткий / гладкий

r0u6h / 5m007h

сумний / щасливий

54d / h4ppy

короткий / довгий

5h0r7 / l0n6

повільно / швидко

5l0w / f457

вологий / сухий

w37 / dry

гарячий / холодний

w4rm / c00l

війна / мир

w4r / p34c3

0

нуль

z3r0

1

один

0n3

2

два

7w0

3

три

7hr33

4

чотири

f0ur

5

п'ять

f1v3

6

шість

51x

7

сім

53v3n

8

вісім

316h7

9

дев'ять

n1n3

10

десять

73n

11

одинадцять

3l3v3n

12

дванадцять

7w3lv3

13

тринадцять

7h1r733n

14

чотирнадцять

f0ur733n

15

п'ятнадцять

f1f733n

16

шістнадцять

51x733n

17

сімнадцять

53v3n733n

18

вісімнадцять

316h733n

19

дев'ятнадцять

n1n3733n

20

двадцять

7w3n7y

100

сто

hundr3d

1.000

тисяча

7h0u54nd

1.000.000

мільйон

m1ll10n

англійська

3n6l15h

американська англійська

4m3r1c4n 3n6l15h

китайська
високочиновницька

ch1n353 m4nd4r1n

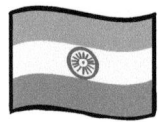

хінді

h1nd1

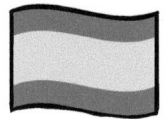

іспанська

5p4n15h

французька

fr3nch

арабська

4r4b1c

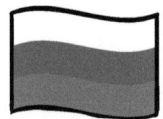

російська

ru5514n

португальська

p0r7u6u353

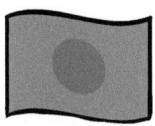

бенгальська

b3n64l1

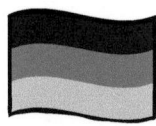

німецька

63rm4n

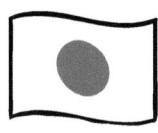

японська

j4p4n353

я

1

ти

y0u

він / вона / воно

h3 / 5h3 / 17

ми

w3

ви

y0u

вони

7h3y

хто?

wh0?

що?

wh47?

як?

h0w?

де?

wh3r3?

коли?

wh3n?

ім'я

n4m3

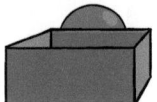

ззаду

b3h1nd

в

1n

перед

1n fr0n7 0f

над

0v3r

на

0n

під

und3r

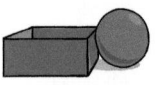

біля

b351d3

між

b37w33n

місце

pl4c3